R*ückschau* halten

Konrad Sittig

Danksagung

Mein besonderer Dank geht an meine liebe Frau, die Korrektur gelesen und wertvolle Gedanken zum Gelingen des Büchleins eingebracht hat.

Meine Tochter Ulrike und die Enkelinnen Tanja und Inka haben mir fleißig mit vielen ihrer Fotos geholfen.
Wertvolle Impulse und Anregungen gehen auf meinen Schwiegersohn Dr. Harald Zagar zurück.
Die Zusammenarbeit mit allen hat mir immer Freude gemacht.

Ihnen allen mein herzliches Dankeschön!

Bibliografische Information der Deutschen Nationalbibliothek Die Deutsche Nationalbibliothek verzeichnet diese Publikation in der Deutschen Nationalbibliografie; detaillierte bibliografische Daten sind im Internet über http//dnb.d.-nb..de abrufbar.

1. Auflage 2021

Herstellung und Verlag: BoD – Books on Demand, Norderstedt

ISBN 978-3-7543-7586-0

Rückschau halten

Ist man noch jung wird selten einer
Rückschau halten, denn jeder mag nur
seine eigne Zukunft sehn.

Das ändert sich mit angestauten
Lebensjahren.

Abwägung wird dann getroffen,
ob denn auch alles richtig war.
Vieles würde man wohl anders
machen, doch manches aber sicher
nicht.

Erinnerungen, die uns stets begleiten,
gestalten fortan unsren Lebensweg.

Oft macht jetzt die Gesundheit Sorgen,
    doch damit sind wir nicht allein,
    noch immer gibt es einen Morgen,
    das mag ein Trost für alle sein!

Meinen Helfern gewidmet

Gamla Hamn Gotland

Kurz verweilen

Kurz verweilen, Rückschau
halten!
zeitbesinnlich ganz allein,
was sich zeigt allein verwalten,
langweilig wird es nicht sein.

Öffnet sich ein Zeitenfenster,
stoße es nicht wieder zu,
helle Sicht vertreibt Gespenster,
gönne dir verdiente Ruh.

Was du schaust nun in der Stille,
das erlebst du ganz allein,
Bilder zeigen sich in Fülle,
werden dir verbunden sein.

Regen sich auch dunkle Zeiten,
mögen sie vergessen sein,
lass dir Zukunft nicht verleiten,
lade Freude zu dir ein.

Deine Blicke

Deine Blicke voll Vertrauen
schauten mir gesellig zu,
ließen in die Seele schauen,
wo ich war, kamst bald auch du.

Ständig warst du mein Gefährte,
konntest niemals einsam sein,
nun vermisst dich deine Herde,
alle fühlen sich allein.

Mutig warst du stets gewesen,
wusstest keine Furcht noch Scheu,
konntest gar Gedanken lesen,
immer angenehm und treu.

Nun hat dich der Tod genommen,
unerwartet viel zu früh,
nie mehr kannst du zu mir kommen,
dich vergessen kann ich nie.

Freunde in Erinnerung

Sie kam zu uns von keiner Schauspielschule,
und Freundlichkeit war niemals vorgespielt,
grub sich an Hitzetagen eine Kuhle,
im Winter dann im tiefen Schnee gesielt.

Ihr Freund, ein Kater, hatte nie zu leiden,
er kam zuerst an Leckerhappen ran,
sie hatten keinen Machtkampf zu bestreiten,
sie blieb stets Hündin, er für sie ein Mann.

Im Schlaf umschlungen wärmten sich die beiden,
ihr Körbchen war geräumig nicht zu klein,
sie mochten sich einander liebend leiden,
und daher immer gern zusammen sein.

Sie beide hatten ein recht langes Leben,
nicht selten wurden sie auch manchmal krank,
sie konnten uns von ihrem Frohsinn geben,
in Liebe bleibt Erinnerung der Dank.

Tagtäglich

Verspanne am Spiegel niemals dein Gesicht,

übe zu lächeln, präge es ein,

begrüße die Sonne, umarme das Licht,

soll der Tag ein gelungener sein.

Schließe die Augen, vergiss deine Sorgen,

wecke sie danach nicht wieder auf,

atme tief durch und empfange den Morgen,

folgt selbst ein Regenschauer darauf.

Beende den Tag mit guten Gedanken,

mit Freunden, die verstehen können,

befreie Wege von Sperren und Schranken,

der Schlaf wird dir Erquickung gönnen.

Foto: Inka Bien

Foto: Ulrike Sittig

Kunstverständnis

Malst du nicht wie' s Max erwartet,
erntest du bald Spott und Hohn,
übler Angriff wird gestartet,
das bleibt deiner Arbeit Lohn.

Dumme wissen alles besser,
glauben absolut daran,
halten sich als Kunstvermesser,
giftig beißt ihr fauler Zahn.

Doch die Klugen halten Schweigen,
Freundlichkeit ihr Manifest,
können sich versöhnlich zeigen,
pflegen weiterhin ihr Nest.

Sei' s Symbolik und Kulisse,
keiner weiß es ganz genau,
Denkanstöße stets Prämisse,
deshalb meine eigne Schau!

Zähne zeigen

Lächelnd kann man Zähne zeigen,

elegant ist diese Art,

Gegner werden staunend schweigen,

übler Auftritt bleibt erspart.

Seid versöhnlich zueinander,

lächelt, wenn es heilsam ist,

ordnet altes Durcheinander,

schafft es ohne arge List.

Zwietracht wird niemals verbinden,

keiner so gewinnen kann,

Feindschaft lässt sich überwinden,

straft Vergeltung mit dem Bann.

Neider

Neider muss man sich verdienen,
oft gelingt das sicher nicht,
ohne Beispiel sind die Bienen,
ihnen reicht das Sonnenlicht.

Sie bestäuben fleißig Blüten,
sammeln dabei Honig ein,
ihre Stacheln sind zu hüten,
denn sie können schmerzhaft sein.

Dienste für ihr Volk verrichten,
angeboren wohl als Pflicht,
können gern auf Dank verzichten,
Neider gibt es sicher nicht.

Versager, von sich eingenommen,
üben überall Verweis,
fühlen sich allein vollkommen,
zeigen sich um jeden Preis.

Findet Freunde, die euch achten,
selbst gern schaffend tätig sind,
nicht nach Selbstverehrung trachten,
solche macht der Neid nicht blind.

Foto: Ulrike Sittig

Liebe

Liebe lässt sich nicht zerstören,
mit ihr fängt das Leben an,
wenn wir innig auf sie hören,
bricht ihr Zauber jeden Bann.

Liebe ist nicht aufzuweichen,
unantastbar ihre Macht,
unter Sternen nichts dergleichen,
ist sie erst in uns erwacht.

Liebe lässt nur an sich denken,
Nebenbuhler kennt sie nicht,
wenn wir unser Herz verschenken,
wärmt uns ihres Feuers Licht.

Liebe schenkt in Trauer Tränen,
salzig trüben sie die Sicht,
niemand muss sich ihrer schämen,
netzen sie das Angesicht.

Leben

Leben kennt wie Wetter Wandel,
so gestaltet ist sein Tritt,
lässt sich ungern ein auf Handel,
nimmt in seinen Fluten mit.

Leben lässt sich nicht erklären,
seinen Sinn kennt Gott allein,
lassen wir es frei gewähren,
uns bedanken da zu sein.

Leben nicht gesetzgebunden,
keiner einen Fahrplan kennt,
kann beglücken auch verwunden,
wer zum Schicksal sich bekennt.

Leben lässt uns Ziele stecken,
frei erwählt und selbstbetont,
Kräfte können sie erwecken,
wenn sich Einsatz dafür lohnt.

Schiffssetzung Gotland

Wind

Wind kann keine Bleibe finden,
sucht er in den Tannen Rast,
muss sich durch die Zweige winden,
nirgendwo weilt er als Gast.

Wind führt Wolken in Gefechte,
wenn er schlechtes Wetter bringt,
ganz besonders mag er Nächte,
weil es dann recht schaurig klingt.

Wind lässt Wälder heimlich raunen,
nie hat er den Mond erregt,
Eulen würden sicher staunen,
wenn sich keine Maus bewegt.

Wind muss endlich einmal schlafen,
lässt die Bäume dann in Ruh,
niemand wird ihn dafür strafen,
bleiben seine Augen zu.

Das alte Boot

Altersschwach das Boot geworden,
wie der alte Fischer auch,
Wasser drang durch lecke Pforten,
alte Kraft jetzt Schall und Rauch.

Wellen hat es einst gebrochen,
keine Furcht vor Sturm und Wind,
hat die wilde See gerochen,
für Bedenken einfach blind.

Später auf das Land gezogen,
niemals wieder auf das Meer,
Jugendträume sind verflogen,
Kraftreserven alle leer.

Jedes Boot wird einst zerfallen,
auch ein Bild das übrig bleibt,
Angedenken wird verhallen,
vom Vergessen einverleibt.

Mein Ankerbuch

Mein Ankerbuch nennt all die Orte,
wo ich einst ruhig träumend schlief,
nun schweigt es, fehlen doch die Worte,
die ich sonst gern zu Rate rief.

Das Steuerruder ist gebrochen,
gehorcht nicht mehr dem Speichenrad,
es hatte Salz und See gerochen,
war getreu der beste Maat.

Ein Rudergast steht an der Pinne,
der weiß wohin die Reise geht,
längst abgesagt sind Lust und Minne,
wie Spuren, die der Wind verweht.

Die Ankerketten werden rosten,
nicht für die Ewigkeit bestimmt,
lasst uns von bestem Weine kosten,
eh Rasmus uns den Becher nimmt.

Foto: Inka Bien

Zahn der Zeit

Der Zahn der Zeit, wir haben es begriffen,
wohl niemals schließt er seinen scharfen
Mund.
es hat das Wasser Steine rund geschliffen,
was kantig war, es wurde kuschelrund.

Was lange dauert wird meist übersehen,
nur schnelles Handeln sind wir noch
gewohnt,
an Wunder kann man blind vorübergehen,
oft scheint es so, dass es sich gar nicht lohnt.

Wir sind nicht für die Ewigkeit geboren,
wenn man sich auch im Spiegel gerne
mag,
die Hoffnung gibt die Zukunft nie verloren,
das Dasein ist oft nur ein Wellenschlag.

Auf Gotland

Zu Stein geworden

Das Gebilde war am Leben,
längst ist es zu Stein erstarrt,
mochte oft die Erde beben,
es hat bleibend ausgeharrt.

Jahre in Millionen zählen,
überfordert den Verstand,
mag es Wissenschaftler quälen,
für sie ist es Ackerland.

Demut zwingt mich nachzudenken,
achtlos geh ich nicht vorbei,
dahin meine Frage lenken,
war die Henne vor dem Ei?

Dank dir Liebe

Liebe, Dank dir Quell der Freude,
Sonne aller Schaffenskraft,
treu seit Jahren bis ins Heute,
alles wird mit dir geschafft.

Liebe findet immer Wege,
kein Aufstieg für sie zu steil,
stets als Weggefährte rege,
nur bedacht auf unser Heil.

Liebe lässt die Sonne loben,
wenn ein neuer Tag sich regt,
mögen Sturm und Wetter toben,
jede Furcht wird beigelegt.

Liebe lässt uns Schlösser bauen,
Fundamente ankern fest,
nicht auf Sternengunst vertrauen,
wenn es sich vermeiden lässt.

Einmal Pause

Einmal Pause, keine Eile,
lege Hast und Hektik ab,
halte Ruhe und verweile,
werden Kraftreserven knapp.

Mögen Mängel dich bedrängen,
fest regiert vom Griff der Zeit,
lass den Kopf getrost mal hängen,
nicht zu Gegenwehr bereit.

Lasse warten deine Erben,
lebe länger als gedacht,
gute Laune nicht verderben,
bald dir neue Kraft erwacht.

+

Glück

Vom Glück sprach man zu allen Zeiten,
doch Göttergunst kann es nicht sein,
der Zufall kann es wohl bereiten,
oder aber süßer Wein.

Wer Geld hat, kann es sich erkaufen,
ganz sicher nur für kurze Zeit,
unhaltbar wird es weiter laufen,
lächelnd voller Heiterkeit.

Das Glück, wie aller Träume Funken,
schmilzt wie das Eis im Sonnenschein,
wer es verfolgt, als sei er trunken,
wird letztendlich einsam sein.

Glück hat sich aus sich erfunden,
ein Ei das selber Eier legt,
fühlt sich befreit und ungebunden,
wie der Wind durch Wälder fegt.

Foto: Inka Bien

Wasserfall

Wasser stürzt den Berg hinunter,
weithin hörbar Donnerschall,
quickbeweglich frei und munter,
Klippen hemmen keinen Fall.

Feine Tröpfchen weit geflogen,
fangen Sonnenstrahlen ein,
bunt steigt auf im Regenbogen,
Farbenpracht im hellen Schein.

Aus der Tiefe steigen Schleier,
gleich von Winden weggeweht,
sprudelnd schäumt ein klarer Weiher,
der flink übers Ufer geht.

Wasser dort erst angekommen,
gönnt sich weiter keine Rast,
vom Erlebten nicht benommen,
eilt es weiter voller Hast.

Foto: Ursula Sittig

Harzbesuch

Toter Wald nacktkahle Berge,
alles einst ein schöner Traum,
welche Plage ist am Werke,
wo steht lebend noch ein Baum?

Kaum noch lässt sich Schatten finden,
abgestorben Tann und Laub,
Trauer will sich an mich binden,
wirbelt Wind im trocknen Staub.

Lasst uns Rettungswege finden,
eh der Harz zur Wüste wird,
pflanzt hier neben Fichten, Linden,
bleibt dem Wald ein guter Hirt!

Ablasshandel

Üppig wächst der Ablasshandel,
CO_2 steht hoch im Preis,
alles hängt am Klimawandel,
Unsinn macht Gewinne heiß.

Übel hat`s der Mai genommen,
will nicht Wonnemonat sein,
ruft Frost, sogar Schnee willkommen,
stellt Phantasten so ein Bein.

Grüne wollen Welten lenken,
ihre Brust weit aufgebläht,
Kluge schweigen weil sie denken,
taubes Korn wird nicht gesät.

Blödsinn kommt zu hohen Jahren,
Denker werden unterdrückt,
Dumme melden sich in Scharen,
spielt die ganze Welt verrückt?

Morgentau

Morgentau benetzte Wiesen,
Perlenglitzer silberhell,
kurze Zeit nur zu genießen,
Zauberpracht vergeht zu schnell.

Leise lecken Sonnenstrahlen,
was die kühle Nacht beschert,
lange kann der Schatz nicht prahlen,
frisches Nass ist hochbegehrt.

Regen müsste endlich kommen,
Sommertage treiben Schweiß,
haben Feuchte weggenommen,
schon zum Morgen wird es heiß.

Mittagsstunden schwer erträglich,
Schatten wird jetzt aufgesucht,
Vogelstimmen nur noch kläglich,
kühle Plätze ausgebucht.

Träge schleichen dann die Stunden
bis die Nacht herniedersinkt,
neuer Tau heilt Tageswunden,
Feuchte, die Erlösung bringt.

Foto: Ulrike Sittig

Lebensjubel

Die Natur im Lebensjubel,
Frühling bricht des Winters Bann,
unbegrenzter Freudentrubel,
Schneeglöckchen führt alle an.

Blütentanz im Farbenreigen,
kahle Zweige Knospen grün,
alles eifert, will sich zeigen,
auch die Liebe möchte blüh' n.

Blicke senden gern Signale,
wenn ein Augenpaar sich trifft,
Sonne segnet das Finale,
schwerelos im Sommerlift.

Träume kennen kein Bedenken,
Frühling hat sie uns geschenkt,
Schritte in die Zukunft lenken,
nicht von Sorgen eingeengt.

Der Frühling tanzt

Bienenbesuch in blütenbunten Zweigen,
der Frühling tanzt, entfaltet Lebenspracht,
fein abgestimmt ist dieser zarte Reigen,
verloren hat der Winter seine Macht.

Vielstimmig lassen Vögel sich jetzt hören,
genießen laue Luft und Sonnenschein,
sie lassen sich durch nichts und niemand stören,
gestatten sich erneut verliebt zu sein.

In Schwärmen fliegen Vögel und die Bienen,
sie halten sinnvoll kluge Ordnung ein,
ihr Leben scheint nur einem Sinn zu dienen,
sie möchten frei und ungebunden sein.

Gewiss, man sollte wirklich neidisch werden,
nicht einmal nur in ihren Welten sein,
zu gerne folgen wir dem Zwang der Herden,
am Ende aber sind wir wohl allein.

Märzgeflüster

Der Winter war den Spatzen nie begegnet,

und Eis und Schnee so völlig unbekannt,

dem Sommer abgewandt hat es geregnet,

von Frost und Kälte blieb verschont das Land.

Von alldem mochten alte Vögel wissen,

ihr Nachwuchs hatte ihnen zugehört,

die Alten gönnten ihnen fette Bissen,

und die Idylle blieb lang ungestört.

Ganz plötzlich kam was einmal kommen musste,

der Nordwind hatte Schnee herbeigebracht,

das Futter wurde knapp, was keiner wusste,

all das geschah in einer Winternacht.

Ich glaubte meine Spatzen umgekommen,

sie blieben lange nicht in meiner Sicht.

Hat mir der Winter sie hinweg genommen?

das Märzgeflüster wollte es so nicht.

Foto: Ulrike Sittig

April

Graupel, sogar Hagelschauer,
Schnee und Regen sind dabei,
wild in Eile nicht von Dauer,
der April ist narrenfrei.

Blitz und Donner mag es geben,
hin und wieder Sonnenschein,
Abwechslung soll reichlich leben,
turbulent das Wetter sein.

Warme Tage müssen warten,
manches Jahr bringt sie der Mai,
noch mischt der April die Karten,
sein Auftritt ist nicht vorbei.

Ostern anders

An Spaziergang kaum zu denken,
wie es einst Herr Goethe tat,
Schritte nicht ins Freie lenken,
so der hohe Seuchenrat.

Um uns werden Wände enger,
manchmal stürzt die Decke ein,
jeder Lock-down immer länger,
Hoffnung fern im Dämmerschein.

Ostern nicht wie sonst gekommen,
von Corona nicht befreit,
eher Eis und Schnee willkommen,
als die ungewisse Zeit.

Blitz und Donner

Blitz und Donner rasch in Folge,
ein Gewitter großer Art,
grauer Himmel, eine Wolke,
Aufwand wurde nicht gespart.

Taghell wird die Nacht belichtet,
Schatten gibt es dabei nicht,
wer sich fürchtet, eilig flüchtet,
Blitze blenden Augenlicht.

Plötzlich prasselt kräftig Regen,
Wasser durch die Straßen fließt,
ungehemmt durchaus kein Segen,
wenn er sich im Sturz ergießt.

Donner grollt noch in der Ferne,
Wetterleuchten abgeschwächt,
habe solchen Auftritt gerne,
finde ihn so gar nicht schlecht.

Regen ohne Nachtgewitter

Blitz und Donner waren müde,
Nachtgewitter abgesagt,
dafür Regen reicher Güte,
großer Auftritt bleibt vertagt.

Abkühlung hat' s nicht gegeben,
schwül begann der Folgetag,
Wettervorschau liegt daneben,
ob es an den Fröschen lag?

Siebenschläfer wird es sagen,
wie' s im Sommer weiter geht,
wird sich aus dem Neste wagen,
weil er auf sein Recht besteht.

Immer weiß er' s auch nicht besser,
oft schon hat er sich geirrt,
doch kein Streit bis auf das Messer,
Klimawandel macht verwirrt.

Hundstage

Hundstage dies Jahr bei uns ausgeblieben,
der Siebenschläfer ruht in seinem Bau,
an vielen Tagen dichte Wolken trieben,
gemäßigt zeigte sich der Himmel blau.

Zu viele Wochen gab es ohne Regen,
es reichte für den Ackerbau nicht aus,
die Ernte bleibt Erwartung unterlegen,
dem Klimawandel dafür kein Applaus.

Nun muss der Herbst sich als Erlöser zeigen,
selbst tiefe Brunnen stehen trocken leer,
schnell wird das Jahr sich seinem Ende neigen,
doch vorher wünschen Regen wir uns her.

Komm doch mal

Komm doch mal in meinen Garten,
schau dir rote Rosen an,
wie lang willst du denn noch warten,
schieb es nicht auf irgendwann.

Rosen können Dornen tragen,
deshalb komme ganz allein,
stelle niemals an sie Fragen,
wirst sonst ohne Blume sein.

Süßer Duft kann dich betören,
breche sie nicht ohne Lust.
willst du eine Rose haben,
sei der Folgen dir bewusst.

Herbstbeginn

Täglich wachsen rings die Schatten,
jede Nacht bucht Zugewinn,
abgeerntet Feld und Matten,
Zeiten für den Herbstbeginn.

Bunt gefärbt die ersten Blätter,
Herbstgeflüster führt das Wort,
rauer greift auch schon das Wetter,
Fröste sind noch nicht vor Ort.

Morgentau erfrischt die Wiesen,
steigt die Sonne aus der Nacht,
Perlenzauber zu genießen,
aus der Kühle aufgewacht.

Frost zeigt später seine Künste,
Raureif gegen Wind gewebt,
über Flüssen weiße Dünste,
eh der Mittag sich erhebt.

Pausenzeiten

Vögel halten Mittagspause,
zeitgenau tickt ihre Uhr,
suchen eine Schattenklause,
hinterlassen keine Spur.

Doch der Hunger weckt sie wieder,
Flug zurück zum Futterplatz,
lebensfrohe erste Lieder,
ist gesättigt jeder Matz.

Sangesweisen zu sich finden,
Harmonie im Chorgesang,
Hörerfreunde an sich binden,
eingestimmt zu hellem Klang.

Stunden kann es manchmal dauern,
urplötzlich tritt Stille ein,
bei den Lauschern ein Bedauern,
pünktlich bricht die Nacht herein.

Foto: Tanja Bien

Glockentöne

Glockentöne würden stören,
blass hat sich der Mond gezeigt,
Andacht lässt am See sich hören,
wenn der Tag allmählich schweigt.

Weiße Nebel sinken nieder,
heimlich wartet schon die Nacht,
Schwäne singen Klagelieder,
ob es ihnen Sorgen macht?

Lange Nächte kehren wieder,
über Flüssen steht die Uhr,
schnell verstummen Vogellieder,
nur der Mond hält lang die Spur.

Fische können länger schlafen,
meiden jeden Flossenschlag,
Hunde wachen bei den Schafen,
so verebbt der kurze Tag.

Windstill

Windstill bleiben manche Tage,
laden zum Spaziergang ein,
nachgedacht erwacht die Frage,
wird es morgen noch so sein?

In den Nächten frischt die Kühle,
ja der Herbst kommt ganz bestimmt.
Wechselbäder der Gefühle,
wenn der Sommer Abschied nimmt.

Farbenzauber in den Bäumen,
rasch verändert er das Land,
diesen Anblick nicht versäumen,
oft nur Träumern wohl bekannt.

In Erinnerung verweilen,
fallen Flocken in der Nacht,
Winter wird den Kummer heilen,
zeigt er seine weiße Pracht.

Tag im Nebel

Tag im Nebel grau verschwommen,

kraftlos schwebt das Dämmerlicht,

Zeitgefühl ist weggenommen,

Horizonte außer Sicht.

Gar nichts scheint sich zu bewegen,

jeder Schritt gewagt will sein,

auch kein Windhauch mag sich regen,

Leben fühlt sich jetzt allein.

Sonne kraftlos aufgezogen,

Wolkenfenster bleiben zu,

Himmel haben es erwogen,

dieser Tag gehört der Ruh.

Herbsteinzug

Herbsteinzug hat schon begonnen,
kürzer helles Tageslicht,
Astern träumen noch versonnen,
graue Wolken ziehen dicht.

Endlich fallen erste Tropfen,
Wind sie gegen Fenster weht,
noch zu schwach um anzuklopfen,
alles schnell vorüber geht.

Wechselhaft die Wetterlage,
oft noch gibt es Sonnenschein,
stellt den Herbst gar nicht in Frage,
täglich wird sie anders sein.

Nächte weiten ihre Stunden,
Sterne bleiben lang in Sicht,
ferne Welten jetzt erkunden,
stört nicht vollen Mondes Licht.

November

Lange Nächte, graue Tage,
selbst für Schatten fehlt das Licht,
eintönig die Wetterlage,
grau verschwommen ist die Sicht.

Das Gemüt wird herb belastet,
zieht nass Nebel durch das Land,
wenn er allzu lange rastet,
schließt sich um uns eine Wand.

Nichts mehr scheint sich zu bewegen,
Hast und Eile gibt es nicht,
jeder Lufthauch bleibt erlegen,
alles steht in Dämmerlicht.

Folgt die Nacht ganz ohne Sterne,
bleibt das Bett ersehnter Hort,
Glockentöne aus der Ferne,
haben spät das letzte Wort.

Nachtgedanken

Matte Schleier nah dem Boden,
Nebel nimmt die klare Sicht,
Nachtgedanken sanfter Pfoten,
stören meine Träume nicht.

Blaue Blumen dicht am Wege,
warten längst schon auf die Nacht,
Kauz und Eule werden rege,
aus dem Tagesschlaf erwacht.

Auf dem Friedhof trauern Steine,
einsam still bei Mondes Schein,
hüten anvertraut Gebeine,
Schatten finden sich dort ein.

Ewig wird die Nacht nicht bleiben,
unsre Erde steht nicht still,
lässt sich um die Sonne treiben,
weil ihr Schöpfer es so will.

Foto: Tanja Bien

Betroffen

Mit dem Nachbar noch gesprochen,
Stunden später ist er tot,
hatte seinen Stab gebrochen,
tief verzweifelt in der Not.

Fühlte sich nicht ernst genommen,
glaubte längst nicht mehr an Gott,
alles war ihm unvollkommen,
für das Leben nur noch Spott.

Tief macht alles mich betroffen,
Fragen treiben mich nun um,
warum konnte er nicht hoffen,
eine Antwort bleibt nun stumm.

Foto: Ulrike Sittig

Schattenbilder

Schattenbilder kehren wieder,
tief aus der Vergangenheit,
mollgestimmt oft meine Lieder,
klagen um vertane Zeit.

Mag Geschichte Ruhe gönnen,
neu geschenkt mir Heiterkeit,
möchte gern vergessen können,
allen Kummer altes Leid.

Dankbar für die guten Zeiten,
das ist ein gerechter Weg,
Hoffnung möge mich geleiten,
fest vertraut auf schmalem Steg.

Foto: Ulrike Sittig

Eine Botschaft

Eine Botschaft tragen Wellen,
dringen in die Ferne raus,
unerreicht nur selten Stellen,
sind Empfänger nicht zu Haus.

Ob sie doch zu deuten wissen,
was geheim dahinter steckt,
manche Nuss ein harter Bissen,
der so gern die Neugier weckt.

Oft ist es kaum von Belange,
nur ein kleines Wasserspiel,
über Deutung keine Bange,
wenn es euch trotzdem gefiel.

Glaubenskriege

Lasst uns eifernd Frieden schaffen,
Hass und Zorn vergrößern Leid,
nehmt dem Wahnsinn alle Waffen,
flieht den Zwist und meidet Streit.

Blut durch Glauben musste fließen,
jeder meinte sich im Recht,
bittre Tränen müssen fließen,
wäre alle Hoffnung schlecht.

Glaubt nicht, dass Verirrte spinnen,
wird zum Glaubenskrieg gehetzt,
keiner wird die Schlacht gewinnen,
wenn sie Menschenrecht verletzt.

Foto: Tanja Bien

Tränen

Tränen sich an Trauer binden,
wenn das Leid das Herz bedrückt,
lassen Schmerzen überwinden,
wenn kein Trost davon entrückt.

Ständig wieder kommen Fragen,
keine Antwort stellt sich ein,
immer Schweigen ohne Klagen,
Kummer lässt uns nie allein.

Sind uns Freunde fern geblieben,
tragen wir allein das Leid,
in ein Tagebuch geschrieben,
findet sich ein Trauerkleid.

Wird man später darin lesen,
kehrt Erinnerung zurück,
doch als sei es nie gewesen,
leben wir dem Augenblick.

Schaut hin

Es ließe sich so manche Not vermeiden,
gewahrt den Kranken bei euch nebenan,
verurteilt nicht, die unter Kummer leiden,
mit bloßen Worten ist nicht viel getan.

Wisst - Einsamkeit ist oft nicht zu
ertragen,
sie frisst geheim gleich einem Krebsgeschwür,
wir müssen uns aus unsrer Deckung wagen
und zeigen für den Nächsten ein Gespür.

Habt Hoffnung, Mut und dazu auch Visionen,
Ideenreichtum, der euch Wunder schafft,
es leiden auf der Erde viel Millionen,
zu helfen ist gefordert aller Kraft.

Sein und Schein

Auf das Pferd wird streng geschaut,
kaum auf den, der darauf sitzt,
Einstimmigkeit wirkt erst vertraut,
wenn allein der Reiter schwitzt.

Ordensschwer die Brust behangen,
jeder wittert einen Held,
Ehrung kann allein empfangen,
der nicht starb im Schlachtenfeld.

Nach Bekleidung wird empfangen,
sorgsam jedes Wort gewählt,
ist man später dann gegangen,
hat nur der Verstand gezählt.

Von der Hoffnung

Von der Hoffnung wird gesungen,
viel darüber nachgedacht,
bis die Melodie verklungen,
hellt ihr Schein die nahe Nacht.

Von der Hoffnung wird geschrieben,
Bände füllen einen Saal,
tausend Fragen sind geblieben,
wer nicht siegt - gewinnt die Wahl?

Aus der Hoffnung Mut gewonnen,
findet sich schnell neue Kraft,
freudvoll wird der Tag begonnen,
aufgeweckter Leidenschaft.

Hoffnung soll nie unterliegen,
ladet sie als Gast gern ein,
keinem Feind gelingt zu siegen,
darf sie wohnhaft bei euch sein.

Foto: Inka Bien

Abendstunden

In jetzt kühlen Abendstunden,
fallen feine Schleier dicht,
damit glücklich abgefunden,
sind doch Sterne bald in Sicht.

Eh die fernen Berge schweigen,
stimmen sie ein letztes Lied,
bald wird sich der Mond dort zeigen,
mit Gefolge Reih und Glied.

Ist der Sonne Licht gesunken,
breitet sich die sanfte Nacht,
tiefe Täler schlafestrunken,
bis ein neuer Tag erwacht.

Augen kurz geschlossen halten,
dass der Traum erhalten bleibt,
Wünsche werden sich gestalten,
sind zu warten wir bereit.

Uhren

Uhren sind nicht wegzudenken,
Zeiger halten festen Schritt,
sie, die unser Tagwerk lenken,
reisen immer bei uns mit.

Bleiben sie bisweilen stehen,
hält die Zeit deshalb nicht an,
alles wird sich weiter drehen,
Sterne ziehen ihre Bahn.

Uhren lassen nicht vergessen,
jeder Tag ist eingeteilt,
Jahre selbst sind so bemessen,
keine Stunde, die verweilt.

Jede Feier hat ihr Ende,
eine Uhr ist schuld daran,
Stillstand brächte keine Wende,
bliebe nur ein kurzer Wahn.

Abschiedslied

Liederzauber aus der Truhe
in die Abendluft entflieht,
senkt die Sonne sich zur Ruhe,
singt der Tag sein Abschiedslied.

Stimmen sorgsam abgeglichen,
sauber muss das Klangbild sein,
nie vom Grundsatz abgewichen,
bleibt die Harmonie auch rein.

Ist die Dunkelheit gekommen,
werden alle Vögel still,
Schlafquartier wird eingenommen,
weil der Tageslauf es will.

Müde geht die Sonne unter,
Stille hat sich breit gemacht,
morgen alles wieder munter,
wenn der neue Tag erwacht.

Jungfruklint Gotland

Empor zum Licht

Empor zum Licht führt eine Leiter,
der Aufstieg ringt uns Mühen ab,
wir streben höher, wollen weiter,
bald werden Kraftreserven knapp.

Wir denken nicht jetzt aufzugeben,
doch eine Pause sollte sein,
nur Gipfel wollen wir erleben,
seien sie nur aus Fels und Stein.

Wir könnten Kälte dort erleben,
auch keinen, der uns wärmen wird,
Bedenken hindern nicht zu streben,
denn Ehrgeiz bleibt ein geiler Flirt.

Endlose Höhen zu ersteigen,
ermutigt unsern Wagemut,
da wo sich Stufen nicht mehr zeigen,
bleibt nur ein schneller Abstieg gut.

Visby Gotland

Singen können

Endlich freudvoll singen können,
angstbefreit aus Herzens Lust,
Sangesfreunde wieder gönnen,
Sänger drücken an die Brust.

Warten, stehen auf der Stelle,
Wellen lösen Wellen ab,
viele schlagen eine Delle,
die Geduld macht einmal schlapp.

Wir ersehnen freie Wege,
Enden ohne Maskenzwang,
feste Brücken keine Stege,
Harmonie im Chorgesang.

Vorerst alles Hoffnungsträume,
nahe Zukunft wohl noch nicht,
undurchdringbar tiefe Räume,
Zielgeraden außer Sicht.